AF609704

Título: Aprende a calmar tu mente
Autora: Raquel Aldavero

Primera edición: enero 2018

ISBN: 9781977026590
Kindle Direct Publishing
Paperback Edition 2021

Raquel Aldavero

APRENDE A CALMAR TU MENTE

Guía paso a paso para aprender a meditar de forma fácil.

SÓLO 15 MINUTOS TE SEPARAN DE TU PAZ MENTAL...

AGRADECIMIENTOS

Doy las gracias a todas esas personas que, conociéndome más o menos, me han estado animando a que compartiera con los demás lo que yo había aprendido. Para todas vosotras, GRACIAS, GRACIAS, GRACIAS.

También agradezco a todos los que habéis respetado mi decisión de hacer esto, sin juzgar, sin criticar. Me alegra saber que cada vez somos más los que "estamos despertando".

Raquel Aldavero
Noviembre 2017

INDICE

PRÓLOGO
Así empezó todo

Todo empezó como empiezan muchas cosas en la vida, sin premeditación y *por casualidad* (si es que éstas existen). Aunque te ampliaré algo más esta información un poquito más adelante, tal vez pueda parecerte curioso – a mí me lo parece -, el origen de este libro...

¿Existen a tu alrededor personas que andan corriendo de un lado a otro, sin tiempo, atendiendo a mil una cosas, mientras ven los días pasar, sin tener consciencia de estar realmente viviendo? Pues yo también tengo, muy cerca, concretamente en mi grupo de amigas. Y éstas, indistintamente unas de otras, me pedían que les enseñara la técnica que a mí me ayudó en el 2008 a conseguir combatir el estrés y acabar con ese tipo de vida.

Precisamente porque no veíamos el momento de juntarnos para que les pudiera enseñar, me pidieron que *se lo escribiera*. Mi primera reacción fue de sorpresa: "algo así no se puede explicar como si se tratara de una receta de cocina" – pensé yo. Así que me puse a darle vueltas a la forma en la que podía hacerles llegar lo que yo sabía hacer. Estaba claro que se lo tenía que escribir…

A QUIÉN VA DIRIGIDO ESTE LIBRO

Este libro es para ti si eres principiante en temas de meditación y estás buscando una técnica sencilla y efectiva para aprender a calmar tu mente, meditar (si esta palabra no te produce rechazo). En definitiva, poder acallar nuestra mente parlanchina y dar paso a una sensación de bienestar, en el más amplio sentido de la palabra, siendo capaz de beneficiarte de todo lo que la relajación mental conlleva, a nivel físico, mental y emocional.

Es para ti si no quieres perderte en libros que te hablan de teorías, términos que al principio no se entienden –salvo que estés acostumbrado a ellos- y meditaciones escritas que tendrás que recordar cuando te sientes a hacerlo.

Es para ti si manejas mucho estrés o necesitas acallar tu mente con una técnica muy sencilla y efectiva a la vez, probada y comprobada por una persona que vivía muy estresada también.

Es para ti tanto si eres una persona que cree en temas de espiritualidad como si no. No obstante, si eres del primer grupo, verás que no está escrita en esos términos.

Y por último, es para ti si *sientes* que debes leer este libro…

BIENVENID@

¡Hola querido/a lector/a!

En primer lugar quiero agradecer tu confianza al haber adquirido este ebook para “Aprender a calmar tu mente” -aunque creas que no tienes tiempo- ya que pretendo describirte de una forma muy, muy sencilla, los pasos que yo seguí para introducirme y aprender esta técnica de la meditación y ser así capaz de beneficiarme de todo lo que la misma nos aporta, en mi caso particular: combatir el exceso y devastador estrés que sufría y empezar a controlar mis emociones.

Quiero advertirte que esta Guía no pretende para nada ser algo "técnico" o demasiado extenso y lleno de palabras y/o técnicas que no entenderías; o "conceptos extraños" que te hiciera descartar algo que puede resultarte muy últil en tu día a día . La he escrito basándome simple y llanamente en mi propia experiencia personal.

La meditación es, en sí misma, un viaje muy largo, tan largo como tú quieras que sea; y su destino puede ser tan diferente en una y otra persona, como el hecho de que no todos somos iguales, así que, disfruta del camino y llévala hasta donde tú quieras y/o sientas.

No tengas expectativas muy altas al principio, todo se consigue a base de práctica; no obstante sí puedo garantizarte que notarás sus efectos benéficos muy pronto si empiezas a coger el hábito de la práctica.

Por último comentarte que, tampoco está hecha en términos de "espiritualidad". Si crees en todo esto, genial! Y si no lo crees, genial también! Sólo pretendo compartir contigo una técnica que pueda ayudarte y darte una mayor calidad de vida, independientemente de las creencias.

¡Nos vemos... en cualquier lugar de la Galaxia!

PRESENTACIÓN

Me presento, soy Raquel Aldavero Rodríguez, soy madre divorciada, con 2 niños maravillosos, a la que todos los temas "esotéricos" le han interesado ya desde muy niña.

Actualmente tengo una Maestría en Reiki, soy neófita como Lectora de Registros Akáshicos y tengo algo más de experiencia en Lectura de Tarot (que realmente ha sido mi "atracción" desde pequeña). He estudiado, aprendido y practicado todo esto porque me encanta y me "relaja", es uno de mis hobbies favoritos.

Me defino como una persona optimista, llena de mucha energía, con muchísimas inquietudes por conocer cosas nuevas y a la que le encanta conocer gente diferente. Soy muy amiga de mis amigos, amante de todo lo "natural" y me apasiona también el desarrollo del ser humano como tal, y como la Luz que somos, llevamos dentro y venimos a desarrollar...

Hablándote algo más sobre mi historia personal, en un momento de mi vida en el que ésta estaba compuesta única y exclusivamente por responsabilidades laborales, familiares y domésticas, me metí en un círculo vicioso del que no podía salir: casa >> trabajo >> niños >> casa >> trabajo >> niños.... Reconozco que no era consciente de ello. No tenía tiempo para nada y andaba corriendo de un lado a otro "cumpliendo mis obligaciones"...

Así estuve desde que terminé mi carrera de Derecho hasta que dejé de ejercer. Ese período fue de unos 10 años hasta que, mi propio cuerpo empezó a avisarme de que no podía mantener ese ritmo de vida durante mucho tiempo más. El estrés continuo en el que vivía me generó una ciática muy fuerte en la pierna izquierda, dejándome sin poder andar. No me quedó más remedio que “parar y empezar a replantearme cosas”.

Durante más de 2 meses fui a terapia de rehabilitación para recuperarme y, al no poder trabajar, ahora sí que tenía tiempo “para pensar en qué estaba haciendo con mi vida”.

En ese momento mi hijo pequeño sólo gateaba y la mayor andaba agarrándose a los sitios (sólo se llevan 20 meses. Ufffff... una locura al principio)... y yo, sin poder andar, sin poder subir escaleras, sin poder estar ni tumbada ni sentada sin que los horribles dolores de la ciática me recordaran su existencia, estaba a cargo de ellos, cuidándolos, como madre que soy, cuando en realidad yo también necesitaba alguien que me cuidara ...

Todavía recuerdo el día en que estaba con ellos, sola, en el salón de nuestra casa, viendo a uno gatear y a la otra intentar andar agarrada a la mesa baja del salón, y pedía al Universo que "no les pasara nada" porque no podía levantarme del sillón a agarrar a ninguno de los dos... En esos momentos, con 32 años de edad, empecé a pensar cómo estaría dentro de otros 10, de seguir el mismo ritmo de vida.

Para colmo de males, tenía sobrepeso, me veía fatal, no tenía tiempo de cuidarme ni me apetecía arreglarme y andaba siempre estresada corriendo para llegar a todo. No era feliz, no me sentía satisfecha con mi vida y SABÍA QUE TENIA QUE HACER CAMBIOS, pero no sabía "cómo".

"Casualmente" me topé con el Reiki. Me fascinaron sus efectos en mí. Empecé a aprenderlo para poder practicarlo. Buscaba desesperadamente "algo" que me ayudara a relajarme, a calmar mi mente. Casi a la par tuve la fortuna de toparme con la Meditación, que para mí fue la "clave" y la "llave" para empezar a salir de donde estaba y ser capaz de tomar decisiones diferentes, que me llevaran a situaciones diferentes, con la claridad mental que necesitaba para adoptarlas.

A partir de ese momento, tuve claro que “no me quería enfermar por mi trabajo” y al tiempo dejé mi profesión, metiéndome de lleno en el mundo de la Nutrición (somos lo que comemos y esto repercute mucho también en nuestra gestión del estrés y las emociones, forma de pensar, etc).

Estoy firmemente convencida de que no venimos a este mundo para nacer, reproducirnos, trabajar como cosacos y morir. La vida es algo maravilloso que está esperando que tomemos "consciencia", para regalarnos todo lo que tiene preparado para nosotros. Pero el "velo" que tenemos debido, principalmente, al trepidante ritmo de vida que llevamos, hace que no nos paremos ni siquiera a hacernos esta reflexión.

"El mejor momento para aprender a meditar no es cuando tengas tiempo. Precisamente si no lo tienes es cuando más lo estés necesitando".

Nuevamente, gracias por estar aquí leyéndome, COMENZAMOS...

Capítulo 1. ¿Qué es meditar?

Lo primero de todo aclarar que "meditar" no tiene nada que ver con ninguna religión, tanto si crees como si no, está bien.

Otra cosa que me encuentro cuando surgen estos temas es que la mayoría de la gente piensa que "meditar" es "dejar la mente en blanco" (yo también lo creía al principio) y no es eso.

Osho lo define como "no hacer absolutamente nada", "ser testigo", "ser observador", "ser". Dice: "*pensar también es hacer, la concentración también es hacer, la contemplación también es hacer. Aunque sólo sea por un instante, si no estás haciendo nada y estás en tu centro, completamente relajado, eso es meditación*". Es el arte de ser consciente de lo que está sucediendo en nuestro interior y a nuestro alrededor.

Tal vez no has entendido "mucho", y sinceramente, no importa para que puedas aprender a meditar, a mí me pasó lo mismo al principio... ya lo irás entendiendo cuando lo empieces a experimentar en ti mism@. La técnica funciona aunque no la entiendas. Pero por si te ayuda, y por "simplificar", meditar es "no hacer nada" y limitarnos simple y llanamente a "observar", sin juzgar y sin pensar, ¡ya está!. Así de sencillo y así de complicado a la vez, ¿verdad? Nada de eso ¡Vamos a por ello!

Capítulo 2. ¿Qué voy a conseguir si aprendo a meditar?

Los beneficios de meditar ya son bastante conocidos. Hay estudios que hablan de ellos. Beneficios no sólo físicos sino también mentales, así que no me voy a entretener aquí. Sólo te diré que sirve, básicamente, para acallar nuestra mente. No sé si te has fijado pero nuestra mente nos está hablando continuamente, no se calla, no cesa de decirnos cosas: pensamientos, razonamientos, juicios, miedos...

Estamos continuamente pensando y eso hace, entre otras cosas, que no seamos conscientes ni de nosotros mismos ni de lo que nos rodea, ni de lo que nos pasa, ni de escucharnos ni entendernos, ni conocernos.

Tampoco somos dueños de los pensamientos que tenemos, que normalmente, no suelen ayudarnos mucho. Nuestra mente es la que lleva las riendas aunque creamos que no. Nos invaden juicios, prejuicios y miedos; y es normal, la mente está para "protegernos" y utiliza estos mecanismos para hacerlo: pensamientos negativos y miedo, son los ingredientes que usa principalmente para "protegernos" de lo que ella considera que nos puede dañar, aunque la mayoría de las veces lo haga simplemente porque no conoce, no le es familiar, determinada situación o razonamiento diferente al que le tenemos acostumbrada. Todo esto tiene consecuencias negativas si no somos conscientes de ello y si no aprendemos a identificarlo y saber controlar lo que no nos conviene "sentir" y/o "pensar".

Con la meditación vas a empezar a ser el "dueño". Vas a empezar a ser capaz de "dominar" esa mente parlanchina cuando se empeñe en seguir hablándote sin parar. Vas a empezar a sentir **por primera vez**, lo que es **relajarse.** Esto no son masajes, ni balnearios ni irse de vacaciones. Comprendo que no lo entiendas. Yo tampoco entendía que el mundo que me rodeaba se podía ver "nítido" hasta que me pusieron las primeras gafas. Para mí era MI mundo y era "lo que conocía", y no podía imaginar aquello de lo que ni siquiera había oído hablar.

La meditación hará que seas capaz de vivir más intensamente, con más alegría, más claridad de pensamiento, más creatividad, con mayor visión, pudiendo *ser el observador* de todo lo que "**te**" pasa, y pasa a tu alrededor. Eso hará que, si lo deseas, seas más productiv@ en tu trabajo, en tus tareas, en la organización de tu hogar... no obstante, SIN ESTRÉS... El estrés "se quedará fuera" y simplemente tú serás capaz de "observarlo", sin que te afecte... Meditar por tanto con la técnica que yo te cuento en este libro (te hablo de ésta porque es la que me sirvió a mí), te ayudará a sobrellevar el ritmo trepidante de vida que llevamos, aliviando así y aprendiendo a manejar ese estrés. Sentirás por tanto, relajación tanto física, como mental y emocional.

"No esperes
el momento perfecto.
Busca el momento
y hazlo perfecto"

Capítulo 3. Empezamos a aprender, ¿estás preparado?

Nunca me ha gustado la "rigurosidad" de las técnicas. Para mí son sólo muletas que nos sirven en un primer momento para llevar a cabo algo que nunca hemos aprendido. Pero son eso, sólo muletas que un día desecharemos porque todos llevamos dentro el aprendizaje que necesitamos para el momento en el que nos encontramos, sólo tenemos que acallar nuestra mente para "escucharnos". Con esto quiero decirte que, dentro de esta técnica que fue la que a mí me sirvió, hay cosas que sí considero "imprescindibles" porque actúan como "Llaves Maestras", y otras que no lo son tanto; no obstante, debes probar y quedarte con lo que, en tu caso, te sirva.

Al principio, necesitarás varios elementos que te ayudarán a "entrar" más fácilmente en un estado de relajación. **Pretendo enseñarte las "bases" para que luego puedas "entrar" en cualquier sitio y lugar,** pero al principio te recomiendo que prestes atención a lo siguiente:

1. Elementos externos que ayudan

A) **El lugar:** Para empezar con la técnica y hasta que tengas algo de soltura, debes buscar un lugar tranquilo, que te garantice que vas a estar libre de distracciones e interrupciones. Busca un lugar cómodo para ti, que huela bien y/o esté ventilado. Puedes poner en ese lugar objetos que te gusten, que te relajen, con los que te identifiques para conseguir una mayor armonía contigo mismo. Me refiero por ejemplo a velas, incienso, etc… Todo esto "no es necesario", pero si tú lo "sientes así", utilízalos para aprender. Cuando tengas soltura, se trata de que puedas quitar esas muletas para volar sol@, pero al principio te pueden servir.

B) El momento: Si lees sobre meditación vas a encontrar que el mejor momento para hacerlo es por la mañana temprano (entre las 5 o las 6 de la mañana) y tiene su lógica, pues la meditación que realices a primera hora del día, te va a ayudar durante todo ese día porque mantendrás los efectos de la misma. Predispones a tu mente para afrontar ese día que va a venir. Yo, sinceramente, fui incapaz de madrugar tanto para ponerme a meditar, es más, es que me dormía, con lo cual tampoco meditaba. Y también me costaba más que mi mente no se me fuera de una a otra cosa de la multitud que tenía que hacer ese día; o al reloj para que no se me pasara la hora de despertar a mis hijos e ir al cole. Así que decidí hacerlo justo antes de irme a dormir y, a pesar de ello, también noté los efectos de la meditación al día siguiente, así como que dormía profundamente, muchísimo mejor que antes de empezar a meditar.

Mi recomendación es que "busques **TU** momento", el que te venga mejor. Aquel que "sientas" que es el ideal para ti: antes de ponerte en marcha por la mañana, a la hora de la comida, por la tarde, antes de dormir o, con una pauta que te voy a enseñar después, podrás hacerlo en cualquier momento y lugar, de eso se trata. Pero, no caigas en la excusa de "no tengo tiempo" (a mí me pasó) porque, como me dijo un gran Maestro: *"Lo que me estás diciendo es lo mismo que decirme que no paras en la gasolinera a repostar "porque no tienes tiempo""*.... Esa frase es de las que recordaré toda la vida; y a partir de ese momento, ya no hubo excusas...

C) Ropa: Lo más cómoda posible, que no te apriete porque puede hacer que estés incómodo mientras realizas la técnica y va a conseguir distraerte.

D) Música relajante: Puedes poner una música relajante que te ayude a entrar en este estado. Busca una que te guste, que te calme. La red está llena de ellas.. Busca "música relajante" o "música para meditar". Elige la que más te guste y tenla preparada. Si puedes, llévala en tu teléfono móvil para poder meditar con la técnica completa en cualquier momento. Si utilizas música (que te recomiendo que lo hagas para aprender), escucha siempre *la misma* melodía... Esto hará un "anclaje" en tu mente de tal forma que, con la práctica, cada vez que la oigas, te será más fácil entrar en ese estado de relajación porque ya tu mente la asociará con eso.

E) Otros elementos: Si te gusta el **incienso** y te relaja, ¡utilízalo!. Los inciensos normalmente ejercen un efecto relajante en las personas pero no a todo el

mundo les gusta. Tienes que buscar un olor que a ti particularmente te guste. Mi favorito es el "Nag Champa" (es muy común en tiendas de este tipo). Huélelo antes de comprar el que sea. Te tiene que gustar A TI.

Poner **velas** también puede crear un ambiente que te incite al relax. Si te gustan, pon un par de velas o tres alrededor del incienso.

2. Elementos personales importantes

A) Postura

Para mí, una de las cosas más importantes de la meditación es la postura que adoptemos. Hay posturas que, por el simple hecho de adoptarlas, ya nos empiezan a "transportar" al mundo de la relajación...

Ésta es la posición de "sentado". Da lo mismo que te sientes en el suelo con las piernas cruzadas (en cuyo caso procura sentarte encima de una almohada o mantas enrolladas para elevarte un poco del suelo. Venden unos cojines específicos que se usan en yoga, pero para aprender no necesitas nada. Siéntate en un cojín que tengas o similar que permita que tu cadera esté más elevada que las rodillas).

También puedes sentarte en una silla con los pies apoyados en el suelo.

Da igual, **siempre y cuando tengas la espalda recta, ergida... esa es la clave de la postura.**

No te recomiendo que te tumbes, principalmente por dos motivos: al conseguir relajarte, lo más probable es que te entre sueño y te duermas (con lo cual no vas a meditar) y, en segundo lugar, es importante la “energía” que fluye en el cuerpo cuando uno está sentado (aunque ahora mismo seas incapaz de notarla). Por si te sirve, como yo medito antes de dormir, me siento en mi propia almohada, dentro ya de la cama...

Resto del cuerpo: Mantén la **cabeza** ligeramente inclinada hacia adelante. **Ojos** cerrados y **hombros** relajados. Presta especial atención a tus hombros. Si manejas mucho estrés la tendencia será a tenerlos elevados, más cerca de tus orejas. ¿Cómo los tienes ahora mismo mientras me lees? Relájalos, déjalos caer. Pon tus manos sobre tu regazo o encima de tus rodillas. Pueden estar con las palmas hacia abajo o hacia arriba. Seguramente te resulte más cómodo ponerlas en tu regazo o hacia abajo. Prueba ambas opciones y coge la que más te guste.

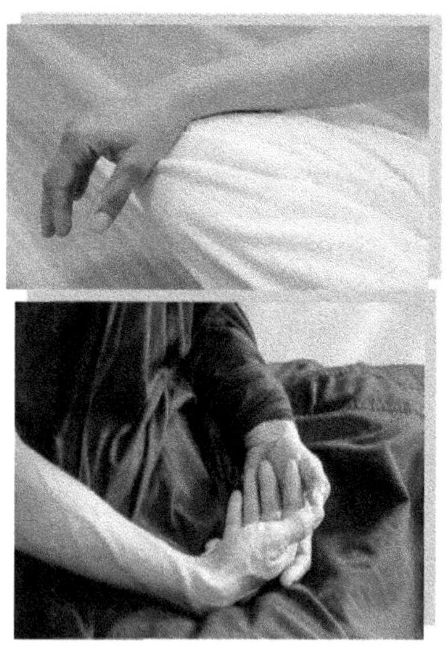

3. La importancia de la respiración.

Es otra de las cosas, junto con la postura de la espalda, muy, muy importante para aprender a meditar. Para mí es **la más importante.**

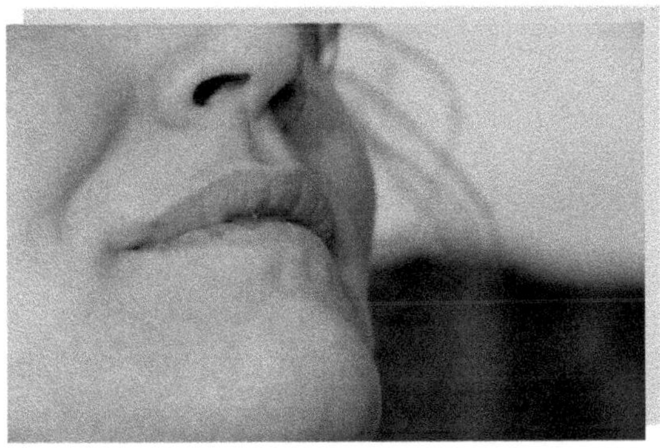

Si aprendes a "respirar", podrás relajarte en cualquier momento, en

cualquier lugar... (te había prometido que te enseñaría esto, ¿recuerdas? ¡Aquí lo tienes!).

La respiración es la llave que nos abre la puerta hacia la relajación y la observación interior. Tan cerca de nosotros, tan "a mano" y nosotros sin saberlo, ¿verdad?. Es por donde debemos empezar, así que me voy a detener un poco aquí porque esto sí debes aprenderlo bien y a ser posible, interiorizarlo para poder utilizarlo en cualquier momento del día y lugar...

La primera vez que me dijeron que "no sabía respirar", no quiero imaginarme la cara que puse (probablemente la misma que tú ahora ;). Lo más "gracioso" es que es cierto: "no sabemos respirar"... (¿Pero qué dices?- Lo que oyes...). Me explico: pon una mano ahora mismo, justo encima de tu abdomen y sigue respirando como lo estabas haciendo hasta ahora mismo. ¿Tu abdomen se hincha? ¿ves que tu mano se eleva? ¿Sube y baja? ¿O apenas lo percibes? Eso es porque el aire que introduces en tu cuerpo solamente llega hasta el tórax, no hasta tu abdomen.

La llave que nuestro cuerpo tiene para nosotros, para que abramos la puerta de la relajación, se llama "respiración abdominal". Ahora vas a hacer otra cosa: sigue con esa mano en tu abdomen pero ahora vas a imaginar TODO lo que te voy a describir:

"tienes delante de ti, delante de tu nariz, una luz de color azul (o del color que prefieras). Inspiras lentamente y ese aire azul entra por tu nariz (lo "ves"), baja por tu pecho (ves cómo lo hace) y llega como un torbellino hasta tu abdomen, lo recorre, es grande, ocupa todo tu

abdomen y, al expirar, "ves" como sube deshaciendo el camino anterior".

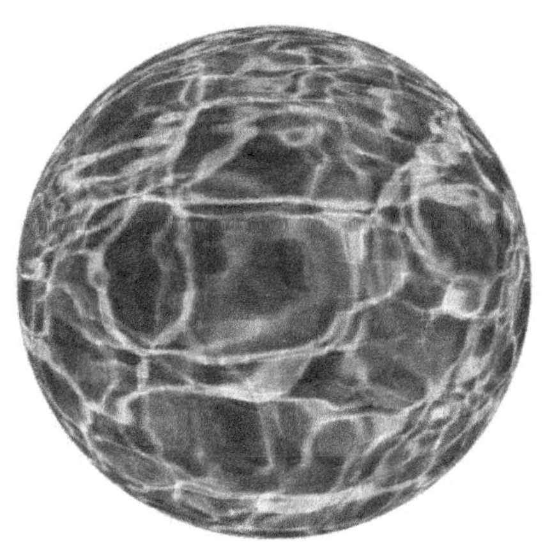

Interioriza esta visualización (vuelve a leerla) y ahora, con los ojos cerrados y la mano en tu abdomen, repite esta respiración junto con la visualización descrita.

.

.

.

.

.

¿Tu mano ahora se ha elevado?, ¿Tu abdomen "se ha llenado" de aire? Si la respuesta es afirmativa, ¡BIEN! ¡¡YA SABES RESPIRAR!!.

Mi recomendación ahora es que repitas esta técnica de la respiración. Haz 5 respiraciones seguidas... No sigas leyendo. Haz el ejercicio y luego seguimos. Sólo son 5 respiraciones... Venga! Empieza!

Cierra los ojos, mano en el abdomen y comienza a inspirar la luz azul….

.

.

.

.

.

Bueno… ¿qué tal ha ido? ¿tienes la primera sensación de “relajación”? ¿Has notado que tu abdomen subía y bajaba? ¿Tal vez has bostezado? ¿Notas que tu cuerpo se relaja?

La respiración la puedes practicar en cualquier momento y lugar. Si estás en el trabajo, en casa o en el coche y te notas muy "acelerad@", deja lo que estés haciendo (menos conducir, jaja), pon tu mano en el abdomen, cierra los ojos (si notas que te ayuda, aunque con la práctica podrás tenerlos abiertos), y empieza a respirar con el abdomen... Recuerda que para saber si lo estás haciendo bien, tu mano debe elevarse y bajar según inspiras y expiras...

4. La técnica.

Bien, ya hemos conseguido aprender a “respirar” y ahora vamos a profundizar en lo que es la meditación en sí.

La técnica que te voy a describir es la misma que yo utilicé para aprender a hacerlo. Probé varias, pero a mí me sirvió ésta. ¿Qué te quiero decir con esto? Que técnicas hay muchas, que ésta es una (de muchas), que la pruebes y si te sirve, genial! Pero que si tú ya meditas con otra técnica o posteriormente descubres otra que te gusta más, perfecto! La clave es que consigas “meditar” con los beneficios que ello conlleva, ok? Las técnicas son “muletas” que al principio nos ayudan a conseguir hacer algo, recuérdalo... Es como cuando en el colegio aprendíamos a escribir en un folio con cuadros o rayas, para llegar a ser capaces de escribir en un folio en blanco, sin torcernos y ¡siendo capaces de dejar incluso márgenes a los lados... ☺!

¡Así que vamos a ello! Nuevamente te recomiendo que esto lo hagas habiendo seguido todos los elementos externos que te he escrito más arriba, pero únicamente los que “te hagan sentir bien” (forman parte del folio de 2 rayas: lugar, momento, postura, ropa, música, etc y... POR SUPUESTO... RESPIRACIÓN ABDOMINAL, esto SIEMPRE!)...

Comenzamos con la técnica...

Con los ojos cerrados, realizamos 5 respiraciones abdominales primero... Nuestra mente está en esa mano que sube cuando inspiramos y baja según expiramos. No pierdas tu mano, sigue ahí mientras respiras 5 veces. Hazlo lentamente y siempre por la nariz ...

.

.

.

.

Ahora imaginamos que tenemos delante una pizarra y vamos a ir viendo cómo trazamos los números desde el 99 hasta el 1...

Tenemos que ver el trazo, cómo se va escribiendo cada número, los vamos dibujando...

Intenta trazar cada número cada vez que inspiramos, y al expirar, la pizarra se borrará, dándonos paso a que escribamos el siguiente número descendente... 99, 98, 97, 96....

Si tu mente “se te va” a algún pensamiento, no pasa nada! Vuelve a fijar la atención en la respiración, en la mano que sube y baja… Céntrate ahí, vuelve a la “llave”, respira… y continúa la cuenta atrás desde el último número que recuerdes… Si no lo recuerdas, empieza en uno de ellos, el que primero te venga a la mente, pero visualiza siempre una cuenta atrás, regresiva… De mayor a menor…

Es importante que si de repente adviertes que te viene un pensamiento a la cabeza, lo dejes pasar, no lo pienses, no te recrees en él, déjalo ir.. sólo observa cómo se va… vuelve a la respiración y a tu mano subiendo y bajando… continúa con la cuenta atrás…

Quédate ahí, con esa cuenta regresiva todo el tiempo que "aguantes"… Lo que necesites… No te inquietes, tu mente y cuerpo te dirán cuando quieren parar… Si has utilizado alguna música relajante, puedes finalizar esta práctica en cuanto finalice la melodía (siempre y cuando hayas elegido, para empezar, una melodía de no mucha duración). En caso contrario, olvídate del reloj y del tiempo, sal de la meditación cuando tu cuerpo/mente te lo pidan… Sigue leyendo, te explico cómo:

5. Volviendo a la “realidad”.

En el momento en que tú lo decidas, vamos a comenzar a “regresar”…

Empieza a mover los dedos de tus pies, las piernas, lennnnntamenteeee. Nueve los dedos de las manos, los hombros, la cabeza… Poco a poco ve abriendo los ojos. Tómate tiempo para hacer esto. No hay prisa… Ve sintiendo poco a poco todo tu cuerpo…

.

.

Ya estás aquí…

¡¡ENHORABUENA!! ¡LO HAS HECHO! Ahora sólo tienes que adquirir el hábito a base de repetirlo (a ser posible todos los días) ☺

¿Qué tal? ¿Cómo ha ido? Me encantará que me cuentes, y/o me preguntes, a través de mi mail. Tus aportaciones son muy valiosas para mí y seguro que me ayudan a mejorar ☺.

Capítulo 4. Preguntas frecuentes

1. ¿Cuánto tiempo debo meditar?

Esto es algo que a mí, al principio, me agobiaba. Había visto meditaciones de 40 o 45 minutos y sólo pensarlo..., me bloqueaba. Primero porque no me veía capaz y, segundo, porque no tenía tanto tiempo. Así que, para tu tranquilidad te diré que **con 10 o 15 minutos AL DÍA, es más que suficiente**. Puedes empezar por 5 minutos al día, con el objetivo de llegar a esos 10 o 15. Para notar los efectos de la meditación, ese tiempo es suficiente, te lo aseguro!. No te agobies, no necesitas más... **Sólo necesitas aprender a respirar y acostumbrarte a "visualizar el trazo de esa cuenta regresiva" que te he descrito, sin que te detengas en cada pensamiento que te venga, ¡sólo eso!.** Es normal que vengan pensamientos, pero, insisto, no les prestes atención. Déjalos ir...

2. ¿Y realmente es así de simple?

Sí, realmente es así de simple pero, no te equivoques, no resulta fácil al principio. Sencillo sí, pero fácil no. Ten en cuenta que la "meditación" es una técnica para conseguir que tu mente se relaje, que, por un ratito (y durante todo el día si conviertes la meditación en algo habitual para ti y lo integras en tu día a día), esa mente parlanchina que te domina, que no deja de recordarte todo lo negativo del diálogo interno que mantenéis, que hace que no puedas relajarte, incluso que dificulta que puedas conciliar el sueño, SE RELAJE…

¡La mente no quiere eso! Su misión es "protegerte" de todo y lo hace creándote pensamientos negativos y poniéndote en jaque con cualquier cosa que pasa en tu día a día y que ella considera que puede ser un peligro para ti… ¿Qué te quiero decir con esto? Que no puedes "meditar" desde la mente… Que a la mente "se le gana" la partida desde la "no mente". Traducido al lenguaje terrenal… No puedes meditar si cierras los ojos y haces caso de los pensamientos que la mente te manda y te detienes en ellos (estás entrando en su juego)…

Déjalos pasar… Y la forma en que lo consigues es poniendo tu atención en la respiración, en tu mano y/o abdomen subiendo y bajando con cada inspiración y expiración; y en la cuenta regresiva que te he enseñado…

No te impacientes tampoco! Es como ir al gimnasio el primer día y pretender ser capaz de aguantar, sin parar y sin disminuir el ritmo que marca el monitor, una clase de spinning de una hora!!! Nooooo!! Es exactamente lo mismo! Con esta técnica aprenderás a "ejercitar" la "no mente", pero eso no se hace el primer día de clase, **se consigue con la práctica**, casualmente, como todo en la vida ;). ¿Pero sabes qué? Que sólo requiere 15 minutos al día. Sólo requiere que cuando estés en un semáforo, te pongas la mano en el abdomen y practiques la respiración abdominal. No hace falta que pongas ni las velas, ni la música ni que cierres los ojos. Sólo respira profundamente. Por ahí empieza TODO!!

> *"Sólo 15 minutos al día te separan de tu liberación y paz mental"*

Así lo conseguí yo! Y te aseguro que cuando empecé no era mi momento de máxima tranquilidad en mi vida precisamente, ni cuando más tiempo tenía para aprender, **pero sí cuando más lo necesitaba**, y tal vez tú también, y por eso estés leyendo este libro.

3. No aguanto la postura/me duele...

Tienes que adquirir una postura cómoda para ti. Siempre y cuando tu espalda esté recta, será perfecta!

4. ¿Cualquier persona puede aprender a meditar?

Porrrrr supuesto que sí. Yo me creía incapaz al principio, pero todo es cuestión de práctica. TO-DO. De práctica y de paciencia. Ten paciencia contigo mism@, ten paciencia con tus logros, ten paciencia con tu mente... PA-CI-EN-CIA. Lo importante es que no tires la toalla a la primera de cambio. Sé constante. Sólo 15 minutos al día harán una gran diferencia en tu vida.

5. ¿Cómo sé si he conseguido meditar?

Esta pregunta me encanta porque me la hacía yo continuamente, jajaja. Lo vas a saber! Te lo aseguro... A lo mejor no nada más salir de la meditación, pero lo "*empezarás a notar*".

6. Tengo un trabajo muy estresante y necesito estar al 100%, máxima concentración, ¿si aprendo a meditar perderé esto?

¡¡Tooooodo lo contrario!!. Aprender a meditar hará que seas mucho más efectiv@, pero pudiendo "manejar" el estrés... Cuando trabajas mucho los bíceps en el gimnasio, ¿a que te duelen? ¿A que normalmente tenemos agujetas que nos hacen "parar" y no seguir ejercitándolos hasta que nos recuperemos? Pues esas "agujetas mentales" se manifiestan de varias maneras y, una de ellas es el estrés… Así que, ese "recuperador" post-entreno se llama Meditación XD.

De esta forma, tu "músculo-mente", después de recuperarse, será más resolutiv@, eficiente, no se le escapará nada, ni un detalle de nada, encontrará soluciones mucho antes, será capaz de prever situaciones… El problema es que nunca le damos "cuartelillo"… y cada vez estamos peor. Hasta que llega el momento en que "nos manda una enfermedad", para que le prestemos atención… No te abandones tanto hasta llegar a ese punto. Toma acción antes! Estás a tiempo y ya sí que sabes cómo hacerlo!!! A por ello YA!. Son sólo 15 minutos de los 1.440 minutos que tienes diariamente!! Vamos!

7. ¿Tiene efectos secundarios?

Claro!!! Los tiene!!!!: Produce mucha adicción a la sensación de paz física, mental y emocional XD...

Capítulo 5. Despedida y agradecimiento.

OOOhhhhhh……. ¡¡Qué pena!!

Amig@, aquí te dejo este "tesoro", lo pongo en tus manos para que **empieces a practicarlo y con ello a mejorar la calidad de tu vida.**

Ha sido un verdadero placer y deleite escribir todo lo que, desde hace años, tenía en mi cabeza respecto a lo que a mí me sirvió para meditar. Ahora sí que lo podréis aprovechar otras personas, no sólo yo… Ahora te toca a ti… Es tu turno. No lo dejes para mañana, son sólo 15 minutos en tu agenda y empieza. Si no lo haces YA, luego no te quejes de que no obtienes los resultados que buscabas cuando decidiste adquirir este libro...

Gracias por la confianza.

Si te gustó este libro y lo has encontrado útil, estaría muy muy agradecida si dejas tu opinión en Amazon. Me ayudará a seguir escribiendo libros relacionados con este tema y también que llegue a otras personas que puedan necesitarlo.

Tú apoyo es muy importante, más de lo que tal vez puedas imaginar.

Te agradecería que dejaras tu opinión en la página de Amazon, en el apartado “Opiniones de clientes” – “Escribir una opinión” en Amazon.es o en “Customer Reviews” – “Write a Customer Reviews” en Amazon.com

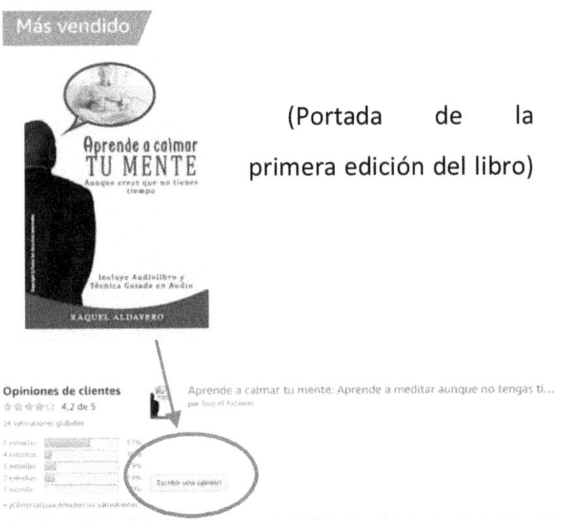

(Portada de la primera edición del libro)

Gracias por tu apoyo!

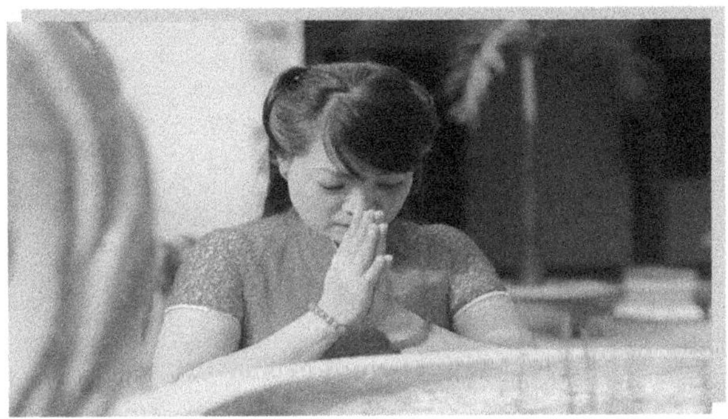

¡Hasta siempre! **¡Namaste!** ("lo mejor de mí saluda a lo mejor de ti" ;).

MIS NOTAS

MIS NOTAS

MIS NOTAS

MIS NOTAS

MI DIARIO DE MEDITACIÓN

Fecha	Hora	Duración	Sensaciones

Fecha	Hora	Duración	Sensaciones

Fecha	Hora	Duración	Sensaciones

Fecha	Hora	Duración	Sensaciones

Fecha	Hora	Duración	Sensaciones

Fecha	Hora	Duración	Sensaciones

Fecha	Hora	Duración	Sensaciones

Fecha	Hora	Duración	Sensaciones

www.ingramcontent.com/pod-product-compliance
Ingram Content Group UK Ltd.
Pitfield, Milton Keynes, MK11 3LW, UK
UKHW020226250726
13967UKWH00001B/210

9 781977 026590